72511192R00062

Made in the USA
San Bernardino, CA
26 March 2018